# A lista

Jennifer Tremblay

# A lista

TRADUÇÃO
Risa Landau

**autêntica**

Copyright © 2010 by Les Éditions de la Bagnole
Copyright © 2014 Autêntica Editora

Título original: La Liste

Todos os direitos reservados pela Autêntica Editora. Nenhuma parte desta publicação poderá ser reproduzida, seja por meios mecânicos, eletrônicos, seja via cópia xerográfica, sem a autorização prévia da Editora.

EDITORA RESPONSÁVEL
*Rejane Dias*

EDITORA ASSISTENTE
*Cecília Martins*

REVISÃO
*Lúcia Assumpção*

CAPA
*Diogo Droschi*
*(sobre imagens istockphotos/VvoeVale)*

DIAGRAMAÇÃO
*Waldênia Alvarenga Santos Ataide*

**Dados Internacionais de Catalogação na Publicação (CIP)**
**(Câmara Brasileira do Livro, SP, Brasil)**

Tremblay, Jennifer
    A lista / Jennifer Tremblay ; [tradução Risa Landau]. -- 1. ed. -- Belo Horizonte : Autêntica Editora, 2014.

    Título original: La Liste.
    ISBN 978-85-8217-519-4

    1. Monólogos 2. Teatro - Canadá 3. Ficcção I. Título.

14-11293                                                              CDD-792

Índices para catálogo sistemático:
1. Teatro    792

**Belo Horizonte**
Rua Aimorés, 981, 8° andar . Funcionários
30140-071 . Belo Horizonte . MG
Tel.: (55 31) 3214-5700

Televendas: 0800 283 13 22
www.grupoautentica.com.br

**São Paulo**
Av. Paulista, 2.073, Conjunto Nacional,
Horsa I . 23° andar, Conj. 2.301
Cerqueira César . 01311-940
São Paulo . SP
Tel.: (55 11) 3034-4468

Para Nathalie, por suas trufas inesquecíveis.
Para Jean, por seus trejeitos memoráveis.

*Lamúrias, lágrimas, censuras não
fazem mais sentido.
Buscamos, pois, consolo nesse esquecimento que
chamamos de lembrança.*

Christa Wolf
*Christa T.*

# Apresentação

*Clarice Niskier*

Não se preocupe. Você vai se comover. Vai se emocionar. Vai pensar nas suas listas. Lembrar do que cumpriu. Do que não cumpriu. Não se torture. Sua memória não foi feita para isso. Traga de volta o que for importante para você. Dance. Você vai amar Caroline. Faça desenhos nas paredes. Não bata com a cabeça na parede. Eu trago o coração na mão. Traga de volta o seu. Chore, o que é que tem? Você vai se lem brar. Telefone depois. Diga: eu te amo. E daí? Coloque na lista: eu te amo. Compreenda. A Narradora não é culpada. Você não é culpado. Não se trata disso. Há uma negligência geral. Trabalhamos vinte e quatro horas por sete dias na semana. Quem aguenta isso? A sociedade moderna vai se reinventar. A depressão vai sumir do mapa. Vamos conversar. Vamos trocar experi- ências. Não adianta se isolar. Fugir. Não adianta. Não temos mais para onde fugir. É disso que se trata. Como é difícil chegar ao coração do mundo contemporâneo. Nossa responsabilidade. É agora. Leia com atenção sua lista. Qual é de fato a sua tarefa mais urgente para hoje? É disso que se trata. Responda. Não minta para mim. A Narradora não está mentindo. "Falhei no meu dever. Você sabe exatamente o que eu quero dizer." Qual é o seu dever primordial para com você mesmo? Qual é o seu dever primordial para com o outro? Não adianta olhar para mim. Não sei a resposta. Eu adorei o texto. Ele me fez perguntas. Quais são as minhas responsabilidades? Cada um de nós vai se sensibilizar num ponto. Vai rir em algum momento. E vai se lembrar. E vai se reconhecer. Eu me reconheço. Sou a Narradora. Sou a Caroline. Sou o marido da Narradora. Sou os filhos da Caroline. A mancha no suéter e o preto reluzente do piano. A província. A cidade grande. A vida e a morte. Sempre a morte a redimensionar nossas prioridades. Quais são as nossas prioridades? Não se preocupe. Trazer de volta quem se ama é possível. Nossa humanidade é possível. Estamos aqui. Isso é uma boa notícia. Ouvi de um mestre: "Trago uma boa notícia: estamos vivos". Mas como trazer de volta quem partiu? Silêncio. Como trazer de volta quem partiu? Narrar. Como foi. O que aconteceu. Contar e contar. Falar do que aconteceu. Do erro médico. Da série de erros que acontecem. Manter viva a nossa tenra humanidade. Falar das perdas. Da dor. Dos encontros e dos acertos. Contar as histórias, sempre. Trocar experiências. Deus nos livre dos silêncios sem histórias. Deus nos aproxime dos silêncios com histórias. Da reflexão. Da comunhão. Da linguagem. Da produção de sabedorias. Cada história narrada, um passo adiante. Me conte. Traga de volta quem você ama me contando quem ela é. Nossas experiências mais profundas não podem ter se reduzido a uma lista de tarefas úteis para o funcionamento prático do nosso dia a dia. Certa vez, perguntaram a uma grande atriz onde ela gostaria de passar as férias, ela disse: "Numa clínica de repouso". Estamos exaustos. Consumidos. Mas vivos. Então, quando tiver tempo, leia este texto. E depois apareça lá em casa. Estou falando sério. "Eu não escuto o vento quando você fala." Caroline vai ter o quinto filho. O quinto. A Narradora se desespera: "O que você, Caroline, gosta no fato de ter filhos?"; "Gosto da facilidade de se amar os filhos". Gosto da facilidade de se compreender este texto. Gosto da tradução da Risa. Da poesia da Jennifer. Do ritmo alucinado de sua calma. Batidas à porta. Mais portas. Menos janelas. Mais saídas reais. Apareça lá em casa. Mesmo. Traga seu pijama. Eu acendo a lareira. Eu não tenho lareira. Mas acendo. Também trago no peito as marcas das minhas listas impossíveis. Também preciso parar. Abrir a porta. Pois trago no peito a memória de nossa humanidade possível. Apareça. Agora estou menos enlouquecida. Agora estou aqui, de verdade.

# Expiração

*(Luz sobre uma cozinha impecável. Entra a personagem. Uma mulher entre 30 e 40 anos.)*

Não encostei um dedo nela.
Não mandei ninguém assassiná-la.
No entanto é como se tivesse.
Diriam que eu a matei.
Sou responsável por sua morte.
Não estou dizendo que se não tivéssemos nos conhecido ela não estivesse morta.
Nos conhecemos para que eu evitasse sua morte.
Ela está morta.
Falhei em minha missão.
Você sabe exatamente o que quero dizer.
Você anda pela rua.
Uma criança cai.
Você a consola.
Você a leva em casa.
A mãe agradece.

Está comovida.
Que sorte.
Você estava lá.
Você fez a coisa certa.
No momento certo.
Você fez exatamente o que tinha que ser feito.
Bravo.


Sou responsável por sua morte.
Não fui suficientemente rigorosa.
Não fui suficientemente disciplinada.
Há muito a fazer em um dia.


Lavar lençol.
Tirar as roupas de inverno do armário.
Recolher as folhas.


Mantenho uma lista cerrada.
Detalhada.
Sigo essa lista.
Ainda mais depois que ela morreu.
Mas não dou conta.
No topo da lista há os imprevistos.
Os extras.
Comida no chão.
Neve sobre o carro.
O brinquedo quebrado.
A fralda suja do Raphael.

Seu nariz escorrendo.
Julien chora o tempo todo.


Philippe é tão comportado que me preocupa.


Tudo bem querido.
Sempre pergunto.
Tudo bem querido.
Os lápis caem no chão.
Massa de modelar por todo canto.
Que seca se não tirar logo.
O molho derramado na geladeira.
O arroz grudado na panela.
O lixo que fede.


Tirar o lixo.
Ligar pra oficina.
Postar as fotos.


Uma ação seguida da outra.
Toda ação é necessária.
Uma dança interminável.
E ela batia à minha porta.


Aconteceu.
Às vezes não sempre.

Às vezes fingia que ninguém batia à porta.
Às vezes nem me mexia.
Caroline não era de todo desagradável.
Não pense que eu estava fugindo de uma
ordinária.
Existem ordinárias metidas nessa província.
Fico longe delas.
Fico longe de tudo ligado a essa província.
O campo me suga.


Janelas enormes na casa toda.
Só vejo os campos a minha frente.
Secos.
Insípidos.
Inférteis.
Não quero estar aqui.
Meu marido diz foi você quem quis vir pra cá.
Você exigiu vir pro campo.
Quis vir pra cá pra ele ficar comigo.
Quis vir pra cá pra afastá-lo de tudo.
Quero toda a sua atenção.
Queria sugar o meu marido completamente.
Ser seu único alimento.
Achei que aqui ele não me veria apenas
amadurecer.
Achei que aqui eu seria mais doce.
Mas sou uma fruta amarga.
Na cidade.
Ou no campo.
Continuo a ser uma fruta amarga.

Meu marido tem sempre que partir.
E eu tenho sempre que ficar.
Aqui nesse campo morto.
Fazer reserva do restaurante.
Comprar o gorro azul.
Papinha.


Desde que Caroline morreu.
Só restaram as ordinárias metidas.
Não posso fugir da paisagem.


Mas posso fugir das pessoas.


Limpar a geladeira.
Trocar a pilha do alarme.


Isso leva alguns segundos.
Ou talvez minutos.
Só o vazio me consome dessa forma.
Minhas forças me abandonavam.
Minhas forças me abandonam.
De repente não sei de mais nada.
Como vou conseguir.
Colocar as maçãs no processador.
Não faço ideia.
Porque cozinhei as maçãs.
O que significa essa palavra.

Maçã.
Quero ser um camelo.
Livre no deserto de Saara.
Quero ser uma árvore.
Imóvel nos Campos Elíseos.
Quero ser uma prostituta de Amsterdã.
Majestosa em seu salto alto.


Julien grita.


Philippe chora.


Raphael cai.


Fecho os olhos.
Acho que não sou a mãe deles.
Eles não são meus filhos.
Não quero mais saber deles.
Não quero mais saber de mim.
Vão ter que aprender a se virar sem mim.
Respire.
Ele vai chegar em breve.
Meu marido chega cansado.
É um longo percurso desde que moramos aqui.
Sua chegada não é um alívio.
Nem pra ele nem pra mim.

Seus olhos fatigados.
Meus braços não o alcançam.
Vou me mostrar ressentida.
Ele vai me ignorar pra não sofrer.
Amanhã de manhã vai partir novamente.

Esvaziar o lava-louças.
Descongelar o frango.
Verificar o filtro.

Às vezes não abria a porta para Caroline.
Ficar tanto tempo sozinha me forçou a
desaprender a estar com alguém.
Não via utilidade na sua presença.
A minha própria existência era completamente
sem sentido.
Cada ação tinha que ter um objetivo.
Mas nenhuma me era útil.
Abrir a porta para ela não me servia de nada.
Muito pelo contrário.
Sua prole.
Narizes escorrendo.
Dedos melados.
Bagunçavam tudo.
Meu esforço pra manter o piano preto.
O preto reluzente do piano.
Impecável.
Os bons costumes.

Administração dos brinquedos.
Regras.
Não subir no corrimão.
Não pular na poltrona.
Não tirar as panelas do armário.
Panela não é pra bater.
Não é martelo.
Socos no piano.
Lhes oferecia um lanche.
Comiam por toda parte.
Exceto à mesa.
Oferecia suco.
Tinham bigodes de suco.
Vinha correndo com a toalha.

Tarde demais.
Já tinham sumido.
Às vezes Caroline vinha sozinha.
Na quarta-feira.
O único dia que meus filhos vão pra creche.
Quarta-feira é pra mim.
Preparo uma salada.
Como a salada defronte à TV.
É o único dia que como pensando que estou
comendo.
Saboreio a comida na boca.
Bebo vinho.
Esvazio uma caixa de chocolates.
Faço a sesta.
Acordo em sobressalto.

Crepúsculo no campo.
Não dá tempo de aquecer a casa.
Hora de partir.
Pegar as crianças.
Voltar ao cair da noite.
Chego antes do meu marido.
Quando eu abrir a porta ninguém me
acolherá.
É preciso aplicar os princípios.
Cozinhar os legumes.
Esquentar a carne com cuidado.
As ações não me pesam.
O que me falta é um olhar.
Um olhar que ilumine.
A cumplicidade de um amigo.


Arquivar as fotos.
Consertar a calça.
Ligar pra Michele.


Quarta-feira é um dia precioso.
Não queria compartilhar minha quarta-feira.
Pelo menos não com a Caroline.
Caroline nasceu nessa província.
Ela era essa província.
Ela sempre tinha uma mancha no suéter.
Ela não ia à cidade.
Era amigável.
Tinha terminado o curso técnico.

Teve quatro filhos.
Tinha parado de trabalhar.
Tinha uma pequena casa perto da estrada
principal.
Lá embaixo.
Eu não queria passar da porta.
Detestava a desordem na casa.
A poltrona.
Ela me convidava a sentar.
Ela procurava por tudo.
Duas xícaras.
A chaleira.
A caixa dos chás.
Uma zona.
O cesto de roupa suja no meio da sala.


No meio.


O cesto reinava no meio da sala.
Uma zona.
Uma zona.


Ligar pros classificados.
Imposto de renda.
Presente pra Mylene.
Mercearia.

Opressão

Meu marido diz nós vamos a esse piquenique.
Eu amuada no grande sofá preto.
Raphael em cima de mim uma couraça contra ele.
Ele se rebela e se inquieta.
Você diz eu estou sozinha.
Você diz eu estou entediada.
Você reclama e resmunga.
Nós vamos a esse piquenique.
Haverá mães.
Haverá pais.
Crianças.
Cachorros.
Todos os habitantes desse subúrbio.
Você vai dizer olá.
Você vai dizer sou nova aqui.
Assim é a vida.
As pessoas se encontram sobre o gramado verde.
Provocam risos.
Se reveem.

Se convidam.
Compartilham suas piscinas.


A alegria se rompe sobre o gramado verde.
Milhões de metidas.
Com seus maridos do lado.
O cara do clube.
O cara do conselho.
O cara da associação.
E Caroline sentada sobre sua toalha amarela.
Olá me chamo Caroline.
Olá sou nova aqui.
Nós duas gostamos de sanduíche de presunto.


Carteira de sócia.
Matrícula na aula de natação.
Passar a camisa preta.


Caroline se esforça pra organizar as brincadeiras.
É a festa de sua filha.
Aceitamos o convite.
Vestimos os meninos.
Sábado.
Às treze horas.
A hora dos aniversários.
Batidas à porta de Caroline.
Ela retirou a cesta de roupa suja.
Ela pendurou alguns balões.

Serpentinas coloridas pendem do teto.
A lâmpada branca bamboleia.
Há desenhos nas paredes.
Na nossa casa os desenhos são desenhados em
folhas de papel branco.
Escrevo o nome e a data.
Penduro os desenhos num mural.
Por um tempo.
Guardo em caixas de plástico facilmente
identificáveis.
Aqui os desenhos são desenhados nas paredes.
Uns sobre os outros.
E ninguém se importa.
Isso me deixa louca.


Há muitos presentes sobre a mesa.
Camille está feliz.
A vovó e o vovô vieram.
E depois o outro vovô e a outra vovó também.
Uma boneca novinha na embalagem.
Maquiagem para as meninas.
Uma bolsa de pele rosa.
Uma Barbie bailarina que gira quando se
aperta o botão.
Camille beija todo mundo.
Ela não sabe mais quem deu o quê.
Outro beijo no vovô.
É óbvio que ela gosta mais deste.
Ela também me beija.
De nada moça.

Eu digo moça.
É para agradá-la.
Ela é minúscula.
Ela não para quieta.
Está sempre em outro lugar.
Em uma nuvem na China.
Em um castelo em Marte.
Quer sempre saber de tudo.
Ela pisca pra mostrar que está prestes a mentir.
Essa menina é especial.
Eu a quero pra mim se ninguém a quiser.
Caroline organiza outra brincadeira.
As crianças gritam e riem.
Não estão nem aí pra ela.
Quando ela para eles querem mais uma
brincadeira.
Caroline é uma mãe dedicada.
Ela recomeça.
Ela amamenta o bebê enquanto comanda a
brincadeira do rabo no burro.
Seu marido está sentado no divã.
Ele discute as normas dos pneus de inverno com
o seu cunhado.
Deixa que eu lavo a louça.
Eu lavo a louça e depois sumo de lá.
Camille nos dá mais beijos.
Obrigada por ter vindo à minha festa!
Gosto do seu desenho na parede Camille.
Parece uma obra de arte caída de sua tela.

# Dispneia

*(Música. Uma música melancólica. Pode ser uma canção de ninar.)*

Raphael era um bebê que chorava.
A árvore lá no extremo do campo me consumia.
Eu a via bem da janela de onde eu ninava o Raphael.
Ela estava sozinha no seu campo.
Eu estava sozinha em minha casa.
Ela estava vulnerável.
À mercê dos ventos.
Os ventos terríveis desse subúrbio.
Chore meu filho.
Eu sei que você vai chorar as minhas lágrimas.
Ainda tenho canções pra você.
Meu seio está cheio de leite.
Tome.
É delicioso ser sua mãe.
Eu detesto esse campo.

Essa casa.
Essa província.
Mas pelo menos sou sua mãe.
Me resta isso.
É muito.
É o suficiente agora.
Não chore mais.
Você está quase dormindo.
Pronto.


Consertar a bota de inverno.
Preparar os convites.
Pagar cartão de crédito.


Eu precisava vestir todos os três.
Cada vez era como recomeçar toda uma vida.
Pegar as roupas e agasalhos.
Julien perdeu uma meia de lã.
Ele quer as luvas por cima da manga.
Esse gorro não.
Mas é o que mais esquenta meu amor.
Esse gorro não.
Ele é teimoso como uma mula.
Não há mais botão nesse casaco.
Não há mais cadarço nessa bota.
Não há mais cachecol nessa gaveta.
Tudo tem que recomeçar.
Consertar.
Repetir.

Coloco o meu casaco.

Depois não consigo.

Não vou poder sair.

Às vezes acontece de eu não conseguir.

As crianças não entendem.

Mamãe quer sair.

Mamãe não quer mais sair.

É assim.

Veja a árvore lá no extremo do campo.

Um dia iremos até ela.

Mas hoje não.

Eu guardo os casacos.

No fundo do armário.

Sei que vou acabar lá.

No fundo do armário.

O lugar me chama.

É uma praia em Cuba.

Um mosteiro ao nascer do sol.

Me faço a promessa de ir até lá.

Fechar a porta.

Sob as roupas.

Na poeira.

Com os sapatos.

Com os brinquedos.

Sei que vou acabar lá.

Meu marido vai chegar.

Onde está você.

No armário.

O que você está fazendo.

Esperando alguém.

Caroline pintava flores.
Casas bonitas.
Cercas.
Ela viria apesar do vento.
Ela viria a pé.
Ela empurrava o carrinho das crianças.
Antoine pendurado em suas costas.
Os automóveis passavam às pressas.
Quase roçando nela.
Ela chegava congelada.
Suas mãos geladas.
Ela vinha dizer olá.
Ela havia vestido os quatro filhotes.
Lutado contra o vento.
Curado os dodóis.
Recolocado as luvas.
Dado instruções.
Ajeitado os gorros.
Reclamado da roda quase solta do carrinho.
Puxado o cobertor.
Ela tinha sentido frio.
Ficou ofegante.
Para vir e dizer olá.
Dizer a mim.
Olá.
Batidas à porta.


Decidi assistir um filme.
Decidi chamar Caroline.
Ela disse sim.

Mais fácil do que eu pensava.
Vou te buscar.
Esperei na porta.
As crianças corriam de um lado pro outro.
Nus como vieram ao mundo.
Não se podia mais saber.
Quem saía do banho.
Quem ia entrar.
Caroline tinha aquele olhar.
O olhar de mães que vão partir.
Vamos.
Vem Caroline.
Não vamos nos culpar por sair uma vez por ano.
Ela ri.
Estamos bem contentes.
Não paramos mais de rir.


Duas garotas escondendo alguma coisa.
Por que essa infantilidade.
Os risinhos.
As gargalhadas.
Ela nem sabe que filme vamos ver.
Esqueci de dizer.
Como se nos importássemos.
Só queríamos sair dali.
Mas não falo assim perto de Caroline.
É uma mulher delicada.
Ela pinta paisagens com casas.
Flores em vasos.
Palhaços sorridentes nas paredes dos quartos dos
filhos.

No carro ela deixa escapar essa frase.
Eu talvez queira outro.
Bebê.


Outro bebê.


Ela me desespera.
Essa mulher merece uma surra.
Há limite.
Chega.


O que você gosta no fato de ter filhos?
Minha pergunta não é sincera.
Ela é mais uma reprimenda.
Ela a coloca contra a parede.
Minha pergunta não é sincera.
Minha pergunta significa o que você gosta no
fato de ter tanto problema.
Mas Caroline é uma mulher sincera.
Ela ouve apenas as palavras de que faço uso.
O que você gosta Caroline no fato de ter filhos?


Ela responde.
Sem hesitação.
Gosto da facilidade de se amar os filhos.

Saímos do carro.
Gosto da facilidade de se amar os filhos.
Entramos no cinema.
Gosto da facilidade de se amar os filhos.


Gosto da facilidade de se amar os filhos.
Inclusive agora.
Meses depois.
Não sei onde colocá-las.
As vírgulas.
O acento agudo.
Tento de várias formas.
Tento encontrar o sentido.
Gosto da facilidade que as crianças têm de amar.
Gosto da facilidade que tenho de amar as crianças.
É fácil para mim amar meus filhos.
Meus filhos me amam e eu preciso desse amor.
Preciso de alguma coisa que seja fácil e o amor
dos filhos facilita tudo.
Amo os meus filhos meus filhos me amam
tudo isso é simples e fácil.


Comprei dois sacos de pipoca.
Já tínhamos comido tudo antes do final dos
trailers.
Atenção vai começar.

*Alexis beija Donalda.*
*Ela esperava por esse beijo desde a infância.*
*Alexis sai para a estância.*
*Não vá Alexis.*
*Não vá meu amor.*
*Uma promessa.*
*Voltarei para esposá-la na primavera.*
*Minha querida.*
*Nós teremos filhos.*
*Você vê essa terra.*
*Nós a tomaremos.*
*Essa terra é linda.*
*Essa terra é vasta.*
*Faremos o que bem quisermos.*
*Essa terra nos pertence.*
*Somos livres.*
*Somos fortes.*
*Até logo.*
*Eu vou escrever.*
*Eu também.*
*Até logo.*
*Mais um beijo.*


*E Seraphin espreita.*
*Seraphin espera.*
*Seraphin reina nesse lugar.*


*E o pai de Donalda precisa de dinheiro.*
*Ele vai perder sua loja.*

*Todos os filhos e noras na rua.*
*O orgulho e a honra e o dever.*
*Seraphin oferece ajuda.*
*Quero a Donalda em troca do empréstimo.*


*Mas Donalda recusa.*
*Pai.*
*Pai eu não posso.*
*Ele é velho.*
*Ele é feio.*
*Eu gosto do Alexis.*


*O corpo do pai pendendo no depósito.*
*Pai.*
*Pai.*
*Donalda corta a corda.*
*Pai.*
*Ele ainda respira.*
*Vou casar com o Seraphin.*
*Fique tranquilo pai.*
*Vou casar com o Seraphin.*


*E Donalda se sacrifica diante de Deus.*
*O cordeiro em seu vestido branco.*
*O vilarejo como testemunha.*
*Cabeças inclinadas e segredos guardados para si.*

*A cheia das águas de primavera.*
*Os botões de flor germinam e a terra desperta.*
*Donalda sente frio.*
*Donalda sente fome.*
*O marido a priva de tudo.*
*Estamos pobres.*
*Dei tudo a seu pai.*


*Donalda limpa.*
*Donalda ora.*
*Donalda chora.*


*E Alexis volta.*
*Onde está Donalda.*
*Na casa do Seraphin.*
*Alexis briga.*
*Alexis se revolta.*
*O senhor vendeu sua filha.*
*Os habitantes baixam os olhos.*
*O vigário, o escrivão, o médico.*


Choramos copiosamente.
Não podemos mais respirar.
Conhecemos o enredo.
O desfecho.
Conhecemos a música.
A cor.
Os figurinos.

Os atores.
Esse sangue está vermelho demais.

*Vá embora Alexis.*
*Donalda lhe suplica.*
*Vá embora meu amor.*
*Sofremos por nada.*
*Caímos no abismo.*
*Vá embora meu amor.*

*Vem comigo.*
*Vamos nos esconder.*
*Não Alexis.*
*Isso não se faz.*

*Donalda é prisioneira do amargo inverno.*
*Donalda sente fome.*
*Nem pensar em comprar o creme.*
*Donalda sente frio.*
*Nem pensar em queimar a lenha.*

*Donalda acha a chave do sótão.*
*Não deve abrir.*
*Não deve abrir.*
*Seraphin poderia bater nela.*
*Não deve abrir.*
*Donalda abre mesmo assim.*

*Toda a riqueza do lugar.*
*Moedas de ouro e peles.*
*Objetos preciosos.*
*Heranças e tesouros.*
*As economias e os contratos assinados.*


*Donalda desmorona.*
*Donalda se despedaça.*
*Os pulmões inflamados se enchem e coagulam.*
*Ela treme.*
*Ela congela.*
*Ela sua.*
*Está sufocando.*
*As mulheres do vilarejo vêm socorrer.*
*Donalda está morrendo.*
*Donalda está morrendo.*
*Alexis toma sua mão.*
*Chegou bem na hora.*
*Foram buscá-lo na floresta.*
*Na tempestade.*
*Te amo Alexis.*


*E Donalda morre segurando sua mão.*


Eu não choraria tanto se Caroline não estivesse lá.
Nossas dores se irmanam pairando sobre nossas
cabeças.
Queremos ser Donalda.

Para não casar com Seraphin.
Para não sentir fome.
Não desesperar.
Não perder Alexis.
Ter que se esconder.
Se submeter.
Sofrer.
Morrer jovem.


Saímos sem nos olhar.
Vamos para casa dormir.


Marcar a lavagem do tapete.
Encomendar as cortinas.
Tomar as vacinas.

# Síncope

Batidas à porta.

É Caroline.

Caroline sem sua prole.

Tem novidades.

Notícias frescas.

Fácil adivinhar.

Vai ter um bebê.

Outro bebê.

O quinto.

Certamente será um menino.

Seria bom um outro menino.

Caroline não está triste.

Também não está contente.

Dou-lhe um forte abraço.

Parabéns.

Que linda e grande família formará.

Uau.

Ela pede um chocolate quente.

Imagine a minha surpresa.
Essa mulher discreta e tímida.
Ela senta na minha cadeira de balanço.
Diz ah.
Me prepara um chocolate quente.
Imagine a minha emoção.
Sempre esperei que meus amigos da cidade
viessem.
Sem avisar.
Toc toc.
Oi.
Tive vontade de te ver.
Me prepara um espaguete.
Me prepara uma torrada com geleia.
Precisava te ver.
Trouxe meu pijama.
Claro.
Claro.
Claro que tenho lugar pra você.
Que tipo de travesseiro prefere.
Vamos abrir um vinho.
Vamos acender a lareira.
Me conte as novidades.
Eu não escuto o vento quando você fala.
Ponho as crianças pra dormir.
E você me conta tudo.
Mas não.
É preciso combinar o encontro.
É preciso marcar a hora.
E o lugar.
Não podemos estar cansados demais.

Ou ocupados demais.
Meus amigos são pessoas complicadas.
Meus amigos são pessoas inteligentes.
Pode-se achá-los em seus celulares.
Eles trazem flores.
Vinho.
Pão fresco.


Imagine minha alegria.
Caroline monopolizando a cadeira mais
confortável.
Insistindo para que eu lhe prepare um
chocolate quente.
Ela utiliza as palavras certas.
O gesto preciso.
Tem um bebê dentro da barriga.
Tem um desejo dentro dessa mulher.
Eu tinha um pote em algum lugar do armário.
Chocolate belga em pó.
Acrescentei canela.
Caroline tinha aprovado a canela.
Não parei de mexer o leite.
Nem por um segundo.
Nem pensar em deixar o leite grudar no
fundo.
Nem pensar em estragar esse chocolate quente.
Uma xícara bonita.
Um pires.
Aqui está Caroline.
E você ela pergunta.

Deixa pra lá.
Eu não preparei um pra mim.
Esqueci.
Ela ri.
Sentada ali.
Na minha cadeira de balanço.
Ela ri.
Ela ri enquanto bebe meu chocolate belga.


Caroline diz que eu conheço bem o sistema.
Os médicos.
Os hospitais.
As parteiras.
Os métodos.
As intervenções.
As filosofias.
Ela conta comigo.
Dá pra notar que ela conta comigo.
Com o meu chocolate quente.
Na minha cadeira de balanço.
Ela balança mais rápido.
Mal se percebe a aceleração.
Mas estou bem perto.
Eu a vejo bem.
Ela começa a ficar chateada.
Dá pra notar como fica chateada.


Ela me conta.
Ela diz meu médico.

Meu médico eu não confio nele.
Ele é velho.
Ele é feio.
Ele é míope.
Ele é ranzinza.
Meus partos.
Cada vez piores.
Cada vez mais arriscados.
Cada vez mais complicados.
De um filho a outro.
Cada vez pior.
Meu médico.
Ele é velho.
É um velho babaca.
Nunca falo assim das pessoas.
Mas nesse caso é a pura verdade.


Eu te juro.
Preciso mudar de médico.
Pode imaginar.
Meus quatros filhos órfãos.
Tenho medo.


Ela estava realmente com medo.
Eu não via aquele drama todo.
Ela esvaziou a xícara em um só gole.
Eu não entendia o seu pânico.
Há médicos em cada esquina.
Estamos no século vinte e um.

Não.

Francamente.

Quase abri um sorriso.

Não se preocupe Caroline.

Vou te dar o nome da minha médica.

Com quem tive o Raphael.

Ela é ótima.

Vamos lá.

Você vai ver.

Vai dar tudo certo.

Vou procurar o número.

Você terá que fazer viagens.

Ir frequentemente à cidade.

É longe o consultório da minha médica.

Mas Caroline concorda.

Ela quer tentar.

Ela quer realmente ver a minha médica.

Isso a deixa mais segura.

Deixe-me procurar o número.

Deve estar em algum lugar.

Não sei mais onde.

Eu te digo depois.

Beijo beijo à porta.

E Caroline vai embora.

A mão na barriga.

Está frio.

O ar é glacial.

Ela veio a pé.

Quer que eu te leve.

Não não precisa.

Eu não insisto.

Há muito a fazer.

Ela acena.

Grita obrigada.

Me sinto bem na sua casa.

Reciclagem.

Farmácia.

Achar o número da médica.

A administração das listas é uma atividade complexa. Os itens numa lista não têm a mesma importância. Não sou nada racional. Minhas listas são intermináveis. Tem os supérfluos. Quero dizer que há tarefas que faço sem mesmo tê-las anotado. "Lavar roupa", por exemplo, é um item supérfluo. Isso acontece de qualquer forma. Nas minhas listas também há as tarefas urgentes. "Comprar leite" é urgente. "Pagar o cartão de crédito" também é urgente. Não posso negligenciá-las. Tenho que me submeter a elas. Não importa o estado das crianças. Não importa o meu cansaço. Há as tarefas divertidas. "Comprar presentes". "Descongelar a torta". E há também as tarefas flutuantes. As mais complicadas. Estas são frequentemente transitórias. São as únicas que desaparecem mesmo que não sejam cumpridas e sem que tal negligência incida sobre a normalidade de nossa existência. São tarefas arbitrárias. Por exemplo, na lista que fiz ontem escrevi "Ligar pro dentista". Ontem achei que era importantíssimo ir ao dentista. Ontem meus dentes estavam amarelos demais. Hoje de manhã achei que estavam brancos. Brancos o suficiente para não ir ao dentista. Veja só, a lista é afetada dependendo do humor. "Achar o número da médica". Eu não considerei corretamente essa tarefa. Eu devia tê-la considerado de imediato. Sem dúvida. Era urgente. Eu a considerei uma tarefa flutuante. Eu a reescrevia de uma lista à outra. Às vezes nem reescrevia. Eu a achava numa lista antiga. Isso me lembrava que eu tinha prometido. E eu a copiava novamente. Eu anotei essa tarefa durante meses. Como "Repintar a cerca". Como "Pregar os botões".

Uma vez eu abri a gaveta embaixo do telefone.
Abri meu caderno de endereços.
Procurei M de médica.
Remexi minha carteira.
Não tinha mais esse número.
Teria que ligar pro auxílio.
Escrevi na minha lista ligar pro auxílio.
Acabei esquecendo por que devia ligar pro auxílio.
Devemos ser precisos em relação a listas.
Devemos ser rigorosos com listas.

# Asfixia

Leite.

Queijo.

Fraldas.

Chegava o Natal.

A lista das listas.

A lista das despesas.

A lista dos presentes.

A lista dos cartões de boas festas.

A lista da comida.

A lista dos convidados.

A lista das tarefas gerais.

A lista da mercearia.

23 de dezembro.

Batidas à porta.

É Caroline.

Ela traz trufas pra mim.

Eu as escondo.

Quero comê-las sozinha.

Depois do Natal.

Numa quarta-feira.

Ela ri.

Eu a abraço.
Apesar da sua prole.
Apesar da sua barriga e de todas as suas listas.
Ela fez as trufas.
Há dez pra mim.
Ela diz sonho em ser uma confeiteira.
Ela terá duas cozinhas.
Uma cozinha para trufas e bolos.
Acredito nela.
Ela tem o rosto redondo e doce de uma
confeiteira.
Ela diz novamente eu quero aquele número.
À porta.
Eu quero o número por favor.
Escrevo de novo na minha lista.
Uma lista nova em folha numa caderneta feita
para listas.
Encontrar o número da médica.


Cabeleireiro.
Embrulhar presentes.
Luzes de Natal.


Consertar a cadeira.
Separar os jogos.
Carregar as baterias.


Os insetos se aglutinam no peitoril das janelas.
É muito pior no inverno.
Parece que vivemos na casa deles.
O vento de inverno.

# Sufocação

O degelo da neve.
O lamaçal da primavera.
A cheia das águas nos porões.
Sete centímetros de um líquido marrom.
As lembranças flutuam em caixas alagadas.


Ligar para a seguradora.
Comprar formicida.
Lavar o piso.


Via a Caroline cada vez menos.
À exceção de uma vez.
Em maio.
Na minha sacada.
Os ventos de maio vêm do mar.
Não se vê o mar.
Mas ele chega até nós.

Os ventos de maio varrem os campos.

Arrancam tudo.

Batem forte.

Caroline estava enorme.

Inchada.

Sem fôlego.

Sem coragem.

Nossas crianças corriam entre os balanços.

Ela não ficou muito tempo.

Ela não tornou a mencionar a médica.

Pensei que ela não precisasse mais do número.

Queria acreditar que ela não o quisesse mais.

Parei completamente de escrevê-lo em minha lista.

E não tinha mais pensado nisso.


E assim foi.

Caroline liga do hospital.

Gostaria muito que vocês fossem os padrinhos.

Só tenho vocês.

Confio em vocês.

Corro ao hospital.

Meu afilhado é lindo.

Olá Leo.

Sou sua madrinha.

Adoro as suas mãos grandes e magras.

Você se parece com sua irmã Camille.

O rosto redondo.

Os lábios finos.

Caroline também acha.

Ela pede licença e volta pra cama.
Fraca da cesariana.
Preocupada com a transfusão de sangue.


O médico.
O babaca.
Ele atingiu uma artéria.


Ela sangrou feito um boi.
Caroline branca como um lençol.
Leo amarelo como um pinto.
Juntos em lua de mel.
Nos lençóis do hospital.


Caroline volta do hospital.
Corre corre.
É o aniversário da Cassandra.
Sábado.
Às treze horas.
Outro convite.
Dizemos não obrigada.
Caroline recomeça.
Os balões.
As serpentinas.
O bolo.
Os vovôs e as vovós.
Leo não para de mamar.
O cesto de roupa suja transborda.

Caroline vai desmaiar.
Caroline vai desmaiar.
Caroline desmaia.


Não está nada bem.
Não está nada bem mesmo.
Fique deitada senhora.
É o que dizem na clínica quando ela chama.
E o anticoagulante?
Um mistério.
Ninguém lembrou.
Não foi prescrito.
Ninguém pediu.
O médico é míope.
As enfermeiras sobrecarregadas.
Caroline recebeu uma transfusão de sangue
sem anticoagulante.
Ninguém prestou atenção.
É lua cheia.
E o coágulo começa a subir.
Direção pulmão.
Ele tem o campo livre.
Faz o seu caminho.
No corpo deitado de Caroline.
É fácil pra ele.
Leva a sua vida tranquila de coágulo.
Caroline tem dificuldade de respirar.
Leo está mamando.
Se recusa a soltar o peito.
Ele berra.

Não me tire esse peito.
Não me tire esse leite.
Fica mamãe.
Não tomei tudo.
Fica mamãe.


Corremos até sua casa.
Caroline onde você está.
Aqui na minha cama.
O que está fazendo.
Leo está mamando outra vez.
Ela pede ao meu marido para cozinhar o
fígado.
Ela murmura.
Sem fôlego.
Prepare o fígado.
Vai me dar forças.
Meu marido remexe a geladeira.
Levamos o pedaço de fígado pra casa.
Dizemos até amanhã.
Durma.
Descanse.


Fácil dizer.


De manhã cedo.

As torradas do Julien.
O mingau do Raphael.


Onde foi o Philippe.


O fígado de Caroline cauterizado na manteiga
derretida.
Meu marido toma conta desse fígado.
Não podemos estragar esse fígado.
Fígado tem que estar no ponto.
Senão não dá pra comer.
Toca o telefone.
Atende.
Não atende você.
Estou ocupado com o fígado.
Estou ocupada com o Philippe.
A essa hora só pode ser sua mãe.
A essa hora só pode ser sua irmã.
Alô.
Durante a noite.
A noite passada.
Na maca.
Na ambulância.
Caroline morreu.


Meu marido se apressa.
Abraça o marido de Caroline.
O vovô.

A vovó.

Traz pra casa o cesto de roupa suja.

Lavo as malhas no ciclo de delicados.

O velho babaca não lhe deu o anticoagulante.

Lavo as calcinhas junto com as toalhas e babadores.

Ele atingiu uma artéria.

Lavo os pequenos vestidos e saias.

Ela sangrou feito um boi.

Os macacões e as camisetas.

A transfusão de sangue.

Os pijaminhas do Leo.

Nenhum anticoagulante.

Levo de volta as roupas limpas.

Lhe disseram ao telefone pra ficar deitada.

Dou banho nos filhos de Caroline.

Ninguém achou que ela corresse perigo.

As crianças dizem você não sabe fazer.

Com a minha médica ela não estaria morta.

Eles dizem a água está muito quente.

Ela tinha razão.

Eles dizem a água está muito fria.

Nem todos os médicos são iguais.

Hora de dormir.

Preciso encontrar esse número.

Dou banho nos filhos de Caroline.

Preciso encontrar esse número.

Esvaziam a gaveta dos pijamas.

Bato com a cabeça na parede.

Não querem dormir.

Entro no carro.

Não param de trocar de cama.

Pego a autoestrada.
Querem ser ninados.
Baixo o vidro da janela.
Querem um lanche.
Dirijo rápido.
Querem brinquedos na cama.
Grito até chegar na Península.
Querem um bichinho de pelúcia que não se acha.
Pego a travessia.
Querem uma canção de ninar.
Grito na ponte.
Você não sabe fazer como mamãe fazia.
Não estarei no velório.
Ela cantava na borda da cama.
Dirijo rápido nas curvas.
Ela cantava Nesta Rua Tem um Bosque.


Minha mãe mora longe.
Vão todos na janela.
Bato na porta de minha mãe.
Eles levantam as cortinas.
Eu digo mamãe.
Eles berram mamãe.
Mamãe.
Mamãe.
Mamãe.


No velório.
Eles sobem no caixão.

Lhe dão beijinhos.
Lhe fazem cócegas.
Lhe contam segredos.
Há desenhos.
Sol, flores, eu te amo.
As pessoas estupefatas.
Queremos gritar.
Mas não sai som algum.
Como num pesadelo.
Meu marido não para de repetir.
Como num pesadelo.
O prefeito está presente.
Desolado como todo o resto da população.
O marido cai sobre Caroline.
Ele fala com ela.
Tem muito a dizer.
O que ele está contando.
Isso precisa acabar.
Tem que dizer adeus à mamãe.
Adeus mamãe.
Mãos pequeninas dão adeus.
Nunca mais a veremos.
Espere papai.
Mais um beijo.
Eu também diz Cassandra.
Eu também diz Antoine.
Eu também diz Fanny.
Ninguém consegue derramar poucas lágrimas.
Há torrentes em seus rostos.
Consigo voltar.
Chego a tempo do banho.

Vou uma noite.

Duas noites.

Três noites.

Eles choram.

Eles batem com os punhos cerrados.

Eles pedem.

O marido confessa.

Há algo nele que ainda espera.

Caroline abrindo a porta.

Olá voltei.

Mas Caroline não volta.

Os olhos cravados na porta.

As mãos entrelaçadas.

É inútil.

Fotos dela em toda parte.

Sua foto no jornal.

Então uma noite um bolo.

Vem comer um pedaço.

De quem a festa.

A festa pra Caroline.

O vovô e a vovó estão lá.

Os balões.

As serpentinas.

Os presentes pras crianças.

Anjos no bolo.

Muito obrigada.

Deixo a água escorrer.

Dou banho nas crianças.

Faço isso bem.

Estou lá pra isso.

Desembaraço os longos cabelos.
Reparo os dodóis.
As unhas sujas.
Coloco os pijamas.
Estou lá só pra isso.
Obrigada.
De verdade.

Inspiração

*(Música. Penumbra. Flocos de neve)*

Nevou.
Esta manhã.
No campo.
A primeira neve.
O campo todo branco.
A árvore no meio.
Novembro.
Neva.
Normal.
Tive um sonho.
Caroline num mantô branco.
Ela me fez rir.
Ela me disse não se preocupe.
Ela partiu de novo.
As mãos nos bolsos.
Acordei.
Já nevava.

Na minha caderneta.
Na minha lista de tarefas urgentes.
Escrevo no alto da página.
Trazer Caroline de volta.


*(A mulher sai da cozinha, deixando a porta aberta.)*

SOBRE A AUTORA

**Jennifer Tremblay** nasceu em 1973, em Forestville, Canadá. Em 1990, publicou a coletânea de poesias *Histoires de Foudre*. Cinco anos depois, concluiu seus estudos em Escrita Criativa na Université du Québec à Montréal e publicou contos em várias revistas. Em 2004, fundou Les Éditions de la Bagnole com Martin Larocque e, posteriormente, publicou o romance *Tout ce qui brille*, bem como diversos livros infantis. Em 2008, Jennifer recebeu o Governor General's Literary Award para o teatro e, dois anos depois, o Prix Michel-Tremblay de melhor peça da temporada 2010, ambos por *A Lista*, produzida no Théâtre d'Aujourd'hui, em Montreal. Esta peça foi traduzida para vários idiomas e encenada em palcos de todo o mundo. Em 2011, Jennifer Tremblay publicou *Le Carrousel*, a sequência de *A Lista*, e, em 2014, *La Délivrance*, último livro da trilogia.

Este livro foi composto com tipografia Bembo e impresso
em papel Pólen Bold 90 g/m² na Geográfica.